AF143716

Mon Recueil de Poèmes,
Nouvel Aquilon

Pour mon Arrière Grand-Père,
Jean-Paul Embiz…

Thomas Cadet

À Mon
Arrière Grand-Père

Tout en haut dans le ciel, mon esprit te cherche, Perdu dans les étoiles, mon bon Jean-Paul Embiz.

Un descendant qui reprend ta flamme,

/ Thomas Cadet

Recueil de Poèmes

FSC
www.fsc.org

MIXTE

Papier issu
de sources
responsables
Paper from
responsible sources

FSC® C105338

Table des matières

Remerciements

Je remercie sincèrement ma professeure de français, Mme Deswattines, qui m'a lancé sur la voie de la prose.

Je remercie ma mère qui m'a soutenu et qui m'a informé sur l'ancienne passion de mon arrière-grand-père, de plus, on a retrouvé quelques-uns des écrits.

Et je souhaite remercier ceux qui m'ont le plus aidé :

Ethan Twagirayezu, Harry Devoitinne,

Swann Belkamy-Vergnaud, Dylan Vial,

Léa Avanel, Gaspard Artaud-Blanchard,

Héléna Dumas, Gabrielle Charlier, Titoine,

Lucien Stefanini-Tomas, Gabriel Charlet,

Marceau Bardin, Victor T, Clara Donnet,

Panthéo.

Mon histoire dans la littérature

Mon histoire dans la littérature remonte à bien longtemps avant que ma professeure de français nous annonce un concours de poésie, l'AMOPA, moi étant un fan de compétition, je m'y suis mis (j'ai réussi à gagner un prix d'ailleurs) avec mon tout premier poème : « La pluie, une calamité ? »

Avant tout cela, j'ai déjà eu l'idée d'écrire il y a bien longtemps, je dirais onze-douze ans, j'ai voulu faire un roman de sciences-fiction, j'ai très vite abandonné, ensuite plus récemment, j'ai encore voulu faire un roman de science-fiction, vers mes quinze ans. Mais comme le premier, celui-ci ne verra pas non plus le jour, donc on peut dire que j'ai

toujours eu la volonté de laisser ma part dans ce monde.
Mais c'est vraiment grâce à ma professeure que j'ai pu m'y mettre sérieusement.

Mon rythme d'écriture, au début de mon lancement, vers octobre 2022, était d'environ deux poèmes pas mois, ensuite, c'est vers avril 2023 que le rythme a bien augmenté par la volonté de sortir mon livre avant la rentrée 2023-2024. Je remercie une nouvelle fois, toutes les personnes m'ayant soutenu, durant mon écriture.

Merci

Bonne lecture à vous.

SENTIMENTS

À *mon arrière grand-père Jean-Paul*

J'ai encore de la vie, mais je ne t'ai jamais
connu,
Vous êtes venu dans ma vie si soudainement
par ces écrits,
J'ai imaginé cet ancêtre que je n'ai jamais vu,
Me chauffant le cœur de paroles sincères et
douces
Vos amis ont eu beaucoup de chance de vous
avoir connu.

Un jour, dans ma routine journalière, je les ai
vus,
Ces poèmes flamboyants, partis pour le
paradis
Celui des poètes, celui où tu te reposes
désormais.
Celui qui amène la vérité, celle de la prose.

11

Ton image, je la demande tant au fond de mon
cœur,
Tes si belles paroles des quelques vers qui me
sont parvenus,
Malgré mon admiration, je ne pourrai jamais te
rencontrer,
Tout en haut dans le ciel mon esprit te cherche,
Perdu dans les étoiles, mon bon Jean-Paul
Embiz.

Un descendant qui reprend ton flambeau,
Thomas Inspiré de la lettre de son ami Joseph,
du 18 septembre 1997.

Amour pour ma Grand-mère

Mamie, si seulement je pouvais en ce moment,
Être à tes côtés, pour cela, je donnerais,
L'éternité de mon temps, et de mes pensées,
Juste te revoir, toi et tes bons sentiments

Si douce, si belle au passé, pleine d'amour, en
fait,
J'aimerais revoir ton mari, mais j'aime tant le
présent,
Avec toi, ma mamie, pour le reste des ans,
Du bonheur, de la quiétude, de danses et santé.

Ton caractère, têtu, mais si bienveillant,
Je t'aime tellement, toi et les personnes qui
t'entourent,
Il y a des jours, où l'on s'est disputés,

Mais pour rien au monde, je ne t'enlèverai,
Tout l'amour que je porte dans mon cœur,
Comme l'amour des fleurs au mois de mai.

À *ces personnes,*

Merci beaucoup, vous qui m'avez soutenu,
Remercié, complimenté, aidé,
Que dis-je, je vous ai adoré
Cette année, mais je ne vais,

Plus pouvoir vous voir,
Cela me transperce, me tue,
Cette sensation de perte
Je n'ai même pas le temps de rimer,
que cela me fait pleurer,
j'aimerais tant vous revoir
J'ai besoin de ce soutien émotionnel
Que vous m'avez procuré.

Je m'effondre dans mon lit, larmoyant,
Des amis les plus bienveillants qui soit,
Me font oublier mes problèmes, je rejoindrai
Pour vous la prose,
Mes amis au-delà du Rhône,
Merci à vous, revenez vite s'il vous plaît,

> Aider sans rien donner,
> Sans eux plus d'amitié
> Je vous en prie, revenez.

À ces personnes, à mes amis, Gabrielle et tous les autres…

Les vagues de la vie !

Ces vagues si puissantes et tellement
chaleureuses,
Me réconfortent jusqu'aux abysses de mon
âme,
Nous font vivre, et nous emportent dans cette
vague de flammes,
Elles nous donneront beaucoup de ces
nébuleuses,

Ces compliments si magnifiques et miroitants,
Me font naître un grand sentiment d'allégresse.
Nous resourcent après tant, Les Dieux et
Déesses,
Ils invitent aux bonheurs, Ru aux
ruissellements.

Quoi qu'il en soit, les fleuves seront toujours
là,
Pour de l'eau douce, pour l'offrir aux bois,
Les bois de la joie et les bois de la richesse,

La richesse des Hommes, existe, de part les
mers.
Ces mêmes vagues, sublimes, et leur forte
poétesse,
L'esprit, de part s'étendent nos chères vies.

Rien qu'un rayon de soleil

Rien qu'un rayon de soleil,
Me suffit pour être heureux
Et pour rire, il me le faut bien,
Ce quart de lumière,
Fait résonner les tambours,
Ceux de la libération,
Guidant les peuples
Et sauvant les esclaves.

On peut se le dire,
Nous pouvons tous être libres,
Ensemble, nous y arriverons.
Pour croire en soi,
Illuminer notre journée,
Ensemble, nous y croirons,
Ce qui nous libérera tous,
Est-ce le petit fleuron de Phénix ?

Bibiz

Halala, ma p'tite sœur,

Ma jumelle,
Même avec des jumelles,
Je ne te vois pas…
J'aime blaguer de toi,
Tu as beaucoup de talent en dessin,
Dommage que l'prof d'art ne t'aime point.
Tu chéris les animaux,
Futur véto...
J'ai eu tellement peur pour toi,
Au fil des années qu'il t'arrive quelque
chose…
Tu cuisines vraiment bien,
Merci pour tous ces bons moments passés
ensemble
Même si parfois, tu m'as mis beaucoup de
coups bas,
Au final, je ne t'en veux pas,
Car moi aussi, je n'ai pas été sympa parfois.
Tu sens bon des cheveux,
J'aime te taquiner,

Tu m'as fait rire,
Merci pour tout, et

J'espère que notre amour fraternel
Ne s'arrêtera jamais…
Merci Sarah.

Mon Père

Mon père, le meilleur conducteur,
Ma pistache d'honneur
Celui de mon cœur et mon bonheur,
Le meilleur supporter,
Râles et joies pour le nord, clair,
Le roi d'la binouze,
À rigoler, pépouze
Le meilleur des vieux,
Celui sans débat,
Mon Papa

Ma maman,

Grande douceur,
Histoire grande et poétique,
Cœur de laine.
Merci Maman.

Shiro

Mon p'tit chien qu'j'aime,
Mon p'tit choco au nougat,
Mon sirop d'fraise

Une chance unique

Les jours se suivent
Et les nuits dansent,
Ce que j'ai de la chance, d'être moi.

NATURE

La Pluie, une calamité ?

Les feuilles ont jauni et les arbres sont en
pleurs :
Tout renaît, le soleil éclaire mieux les airs,
Dont absolument rien ne pouvait la distraire.
Le ciel est la terreur, il y a trop d'horreur.

Ouïr, mes amis, s'il vous arrive d'harie.
Chantez, chantez, mais je vous en prie, arrêtez.
Zeus vous aura prévenu, vous serez ruinés.
Les dieux vous maudiront et surtout moi aussi.

Longtemps passé, les mœurs devraient
évoluer.
Les vents de haine, d'hypocrisie, êtres
révulsés.
Heureusement que l'on peut toujours compter,

Sur les personnes, brûlant la chandelle par ses
bouts.
Et toutes ces Tempêtes à très haut degrés, soit,
Puis enfin l'Enfer disparaîtra, l'air d'un tout.

Désert, Mausolée...

Une tempête immuable, rien ne s'écoute,
Rien ne bouge, assiégé par les dunes,
Rien ne pourra y faire fortune, pas même
Neptune.
Le croissant brillant du désert, sème le doute.

Les vagues dorées brisant cette coquille ovale,
Ce corps lézardé et détruit par le désert,
L'Ânkh ne viendra pas, elle est libre comme
l'air,
Le tombeau émergera, ce cercueil royal.

Mort depuis les guerres, la terre fut clémente.
Mort du puit, le père et la mère furent
mourants,
Le défunt n'est pas près d'observer l'oasis.

À sa mort, rien, personne ne sera désolé,
Son sang, aussi amer, puissant, que le cassis,
Le grand Désert, lui servira de Mausolée.

Le Gel s'émancipe

Dans cette Toundra infernale, se cache un
grand feu,
Un feu brillant de mille feux, étincelant, bleu,
De telle sorte à illuminer les boutefeux.
La flamme sera-t-elle, à faire pleurer les dieux.

Avoir ce sentiment d'impuissance, de rage,
Se faire violemment abattre par le blizzard,
Se faire impunément punir par César,
À n'importe quand et n'importe quel âge.

La Toundra à jamais dans nos cœurs et âmes,
Le Permafrost et sa glace aussi coupante
qu'une lame,
L'hiver n'est rien, face au grand Saturne.

Plus jamais, la neige éternelle ne fondra,
Soit diurne, le soleil ou nocturne, la lune,
Ne s'effondre jamais face à ce grand froid.

L'orage au bord des Ténèbres

Quand Nyx est là, posée sur la lune,
Hypnos bientôt arrivé,
Et Morphée surgira dans une petite heure,
Qu'Indra et Thor s'amusent,
Qu'Ouranos festoie
Ainsi Héméra dort,
Je passerai la plus belle des nuits en leur
compagnie…

Les étoiles de mai

Comme des étoiles,
Les fleurs du mois de mai,
S'épanouissent.

TEMPS

Encre du Passé

L'Ancre ancrée, d'Encres Ancrées du Passé fin,
Obscurer les pensées oubliées, des décombres,
Si pour le moment il n'y avait que de l'ombre
La mort des tortures était presque à sa fin.

Succomber à ces pensées, fortement perfides
N'était pas solution, pour la lumière profonde,
Transperçant la nuit comme les vives ondes,
Devenant grise, apeurée, et tâche ! Dit ce
fluide.

Les aires s'entrechoquèrent et les airs
tremblèrent,
Jamais le Temps ne viendra à se faire taire.
Os et fractures, connaîtront toujours, leur
futurs,

Même les astres feront preuve d'une obscure
clarté,
Même sans être une couleur, le Noir sera
peinture
Et, il ancrera les âges, pour l'éternité.

Cadran hiératique

Ce cadran divin qui me suit dans l'hymne,
Dans la danse et dans le vent brusqué de
chants,
Rassemblons-nous en cohorte, nous sommes
enfin prêts,
Nous sommes prêts à mourir, je montre à la
montre,

En remontant la trombe, Chronos nous
acclame vivants,
Vivants de la tombe, chroniques de la vie,
Le temps en la faveur des fleurs et des
bourgeons,
Bougeons pour le rattraper et le recadrer,

Ce chrono sans fin, ce bruit de cloche
lunatique
Héliocentrique, ma pensée est, nycthémère,
Est mon âme ce soleil noir, cette lune solaire,
Ce chrono éteint ce bruit paisible du vide.

Mystères Futurs

Que va-t-il se passer,
Si l'on ne fait rien,
Pour changer les choses ?

MON HANDICAP

Pistons enrayés

Tous ces pistons enrayés qui me composent,
J'en parle, cette vulcanisation qui se crée,
Os chauffants, déformation détruite et créée,
La gomme de mes nerfs, quelque chose de
grandiose.

Une énergie beaucoup trop mal utilisée,
Circule plus comme du carburant fossilisé,
La fatigue, le moteur grince, il est essoufflé,
Les étincelles pleuvent lorsqu'il est utilisé.

N'avoir rien demandé et subir la cinquième,
S'en prendre à la mécanique s'ensuit
blasphème,
il restera encore cette machine embrasée,

Celle qui ne court pas les rues et qui ne courra
pas,
Moins de cinquante-six chevaux feront le
contrat,
Toutes ces courses, dernier et toujours éliminé.

Un trèfle à cinq feuilles

Ce fameux trèfle, aux cinq cicatrices
éparpillées,
Créé, cousu et réparé par Mère nature,
À tous les vents, ses couleurs étaient belles et
pures,
Avec ces pétales aussi chanceux qu'honorés.

Ce pauvre trèfle, arraché de ses chères terres,
Ce pauvre trèfle, arraché, n'apporta pas
chance,
À contre-voie, ces scalpels en furent leur
science
"Ah… Ce trèfle n'est plus un soleil". Disait
Kepler.

Câbles mal alimentés et d'une cosse mal
serrée,
Comble pour de la verdure, même très bien
armée,
Assénée de coupures de lames bienveillantes,

Brûle-pourpoint le temps suffisant d'éclore,
Ces feuilles pourtant destinées à devenir
plante,
C'est qu'il prit sa photosynthèse, sa canne en
or.

La belle vie

Certes mon handicap est une difficulté,
Mais qui n'aime pas jouer en mode difficile ?
Toi, peut-être, tu ne l'aimerais point.
Cette vie, moi, je l'accepte à bras ouverts.

Mon handicap, je l'ai accepté,
T'être fait marché dessus par le destin,
Cela ne m'affectera plus jamais
Mon moi peut dire merci à mon mental, et aux
stoïciens.

Téméraire, je reste même devant la mort,
C'est compliqué de se faire attaquer par un
requin
Malicieux. Aux dents, plus tranchantes que des
éclats d'os.
Tyran est la vie, mais je la sens magnifique.

Os de fer rouillés

Comment dire cela,
Mais, mes os de fer rouillés,
Trop d'étincelles.

PHILANTHROPIE

Partisans de la Paix

Unissez-vous partisans de la Paix !
Mes amis, devenons ensemble plus forts,
Pour évoluer dans ce monde brisé,
Et épargner les âmes en tort,

Celles qui jugent, enchaînent, et tuent,
Qui ont peur des différences,
Elles sont toutes corrompues
Ne nous laissons point faire, nous sommes en
France

Pays de l'acceptation et de l'union,
Pays de la liberté et de la bienveillance
Pourquoi certains sont emplis de haine à la vue
de l'éon
La force de notre entraide, de notre amour,

De notre philanthropie, Aimons-nous les uns
les autres,
À chacun sa religion, à nous notre Terre,
Terre de force et de charité,
Contre acerbité, pour l'amitié de l'Humanité.

La Vraie France

La France,
Pays des tolérances,
Pays de la révolte…
Pays de la romance,
Mais… Aussi pays de l'arrogance.
Nous pouvons changer ses deux traits
En deux nouvelles qualités,
La paix et l'amitié,
Une amitié sincère, fière et bonne,
Malheureusement, je n'ai pas de gomme,
Pour les effacer.
Une paix dans l'amitié,
Une paix avec mélange,
Une paix philanthropique,
Une paix… avec de l'égalité économique…
Pour que chacun puisse vivre
Sans critique.
Mais bon voilà,
Des gens pour qui cela ne plait pas.
Par conséquent,
Il faudra se battre,
Pour obtenir cette France-là !

Le vrai bonheur

Le vrai bonheur,
Est de se trouver le but,
Faisant tambouriner notre cœur.
N'êtes-vous pas d'accord ?
Si oui,
Pourquoi ne pas le chercher,
Cet objectif ?

Camarades

Croyez en vos rêves,
Même les plus fous.

HUMOUR

Le poème risqué

La discrimination fait rage,
Dans notre société tuée,
Créons des ponts pour s'aimer
Et non des murs,
Pour se tuer…
Mais le poulet frit des fast-foods,
Lui fait un bruit de caoutchouc,
Quand on le croque, il fait squish-squish…

Une Révolution

Un jour, un marchand,
Qui sincèrement,
Ne vendit que des fruits,
Pastèques et compagnie,
Avec son petit balai,
Frottant vigoureusement son palais,
Qui était son magasin.
Ce jour-là, le ciel était lumière,
Forte et éclatante,
Un bien malheureux jour pour Anubis,
Le ciel trop brillant,
pour son activité d'enterrement.
Soudain un employé,
Ce nouvel arrivant,
qui, anticonstitutionnellement,
À la constitution du magasin,
Fit de lui,
Un vrai chantier
Qui rendra défunt,
Notre fier marchand de juin.

Une petite blague...

Je ne sais pas comment ces gens font,
Mais le pamplemousse n'est vraiment point
bon.

Humour Cyan

En parlant d'humour,
ne trouvez-vous pas cela absurde,
Ce poème ne voulant rien dire ?

Leçons pour vivre

Numéro une : Vivre.
Numéro deux : La première
Numéro trois : La seconde
Celles-ci sont primordiales pour vivre.

LA GUERRE

L'histoire de la guerre

"Ami, entends-tu le vol blanc des colombes
sur nos plaines ?"
-"Bien sûr que non, puisque aujourd'hui, nous
sommes en guerre."
Si seulement, ces jours-ci, les obus ne seraient
des cris,
Si seulement, les humains ne manqueraient
point de philosophie.

Si nous devenons intouchables, pouvons-nous
toujours tirer ?
Tant de questions avec des pensées confuses et
mal organisées,
La course aux armes vient à peine de démarrer
que je peine pour mon âme.
Les flammes transperçant même les larmes
comme tant d'amalgames de lames.

45

Quand nous nous rappelons la vie d'antan,
Et que l'on se dit, que le passé, était un
véritable présent,
Ces chars d'assauts, pris quelques instants pour
les cavaliers de l'apocalypse
Seuls eux avec leur lueur destructrice pouvant
créer une éclipse.

Ennemis d'ennemis, il y aura toujours des
ennemis,
"L'étendard allié pourra-t-il un jour s'élever ?"
-"Non, pour cela, il faut la gagner cette
guerre... Mon ami... "
Il vient de se prendre une balle dans la tête.

Je le pose doucement,
"Pardon."

Défaite méphistophélique

Loin, longtemps, que l'aboulie de la nation,
Nous guide vers les tempêtes de fer et d'acier,
Anéantir nos oppresseurs, apex vif,
Sachez vaincre ou sachez périr !

Liberté vive et enfermement lourd,
L'atonie, tu as vaincu…, relevez-vous !
Tremblez, ennemis de la nation, contrit,
Sachez vaincre ou sachez périr !

Notre pays, exsangue du monde,
Jure au fer de Dieu, d'être enfin sémillant,
Verdeur sans faille, conquérir ces terres rosses
Sachons vaincre ou sachons périr !

Pour triompher, de notre idiosyncrasie,
Haranguer sans putréfaction de notre valeur,
Nous allons vaincre notre animosité,
L'invaincu vainqueur comme l'azurin saphir.

Hymne à l'Artillerie

Héros à héros, notre mère nous a donné
naissance
La vie l'a décidé quand l'on s'approche,
Artillerie !
Artillerie ! Ma chère nation, que je défendrai !

Honneur et gloire, notre pays s'en souviendra !
Vive notre puissance, le sang versé et la paix
vive,
Je vis pour elles, les armes et le front,
Artillerie !

Les flammes traversent le ciel, rouge carmin,
rouge de guerres,
Tyrans, descendez au cercueil, que votre âme
soit libre,
Notre feu, plus transcendant, que ces lucioles
d'émeraude.

Notre armée aussi grande qu'un oiseau
planétaire,
Une de terre, de mer et de ciel, épée
temporelle,
Artillerie, je le crie, je le chante et je le vis !

Notre meilleure Arme

Ici, avec moi, on ne se bat pas avec du feu,
Mais avec des mots,
Faisant l'effet d'une météorite,
Ni même des insultes,
Mais de la prose,
Ici dans ce monde,
Nous nous battons en permanence pour nos
idées,
Mais sachez une chose,
La poésie sera toujours plus efficace que le
conflit.

PASSIONS

Nouvel Aquilon

Ce matin,
Devant cette porte des vents souverains,
Et le soleil sain,
J'ai pu me sentir écrivain.

Lire, Écrire, Créer

Cette expression, de plumes et bons d'antan,
Pleinement acquise, lors de cette pratique,
Vols de bonheur, de lettres et d'Histoire,
Dans cet océan doux, doux, brise d'air flottant.

Nuages, nimbus, autoroutes de la création,
Créativité sans faille, celle de l'espoir,
Ennemis de l'indolence, Némésis de
L'invective, si seulement c'était réel…

Lire, cela serait-il la solution ?
À tous nos problèmes, même les plus
fâcheux ?
Sagesse et culture y remédieront, pour sûr ?

Enfin, soit, ce n'est quand, sachant faire les
trois,
Que l'on y parviendra, je vous le promets,
Trouver la vérité, et vaincre l'escogriffe.

Étendards au vent

Drapeaux flottants, cœurs chavirant,
Couleurs et symétries, stries et armoiries
Blason d'or, Aigles d'argents, apex de bronze
La vexillologie, quelle science de maîtrise

Aussi belle soit-elle, elle est aussi classe
Dans le vent, quand elle flotte avec panache
Tous ces drapeaux du monde,
Me font voyager dans un autre monde.

Les voir claquer dans le ciel me redonne foi
En une nation qui persiste,
L'Histoire ne peut que l'admirer,
Ce bout de tissu, si cher et important.

Régions des quatre coins du monde,
Souvenez-vous de votre passé,
Fiers et grands, si magnifiques et puissants,
Vexillologue pour la vie, à en devenir !

Héraldique de sang

J'ai plusieurs philosophies, l'stoïcisme et
l'armoirie,
Ce symbole si aréopage et d'ataraxie,
Me mène aux chemins d'une connaissance
glorieuse.
Celle de l'armoirie et de ses écus de diamant.

Certes, on peut la prendre comme un
brimborion
Mais pour moi, c'est capital,
De les avoir en tête ces tessons capiteux.
De manière dithyrambique, je m'exprime,

Quand je parle d'eux, je parle précieux,
D'une alacrité, je les regarde,
De grandeur, j'en parle.

Comme la frondaison de ma pensée,
J'harangue d'eux de leur beauté, leur histoire,
Et leur sang versé.

Le Jazz comme une framboise

Le Jazz,
Si doux, si puissant,
Si joli, séduisant,
De loin, mon style préféré.
Le Jazz,
En couleur, en goût,
Si sucré, pour les oreilles,
De loin, les meilleurs artistes.
Le Jazz me fait penser aux framboises,
Ne peut être grivoise,
L'atmosphère,
Lorsqu'on écoute du Jazz,
Ou qu'l'on mange des framboises.

POLITIQUE ET CRITIQUES

Utopie

Vraiment !?
Ce monde, une utopie,
C'est absurde…
Ce sera un monde parfait,
Quand les Hommes,
Se réveilleront,
Verront la raison,
Et la réalité.

Soyons honnêtes

Bonjour, mesdames et messieurs.
Soyons honnêtes,
Ne préférez-vous point aimer votre prochain ?
Nous vous voyons de plus en plus émerger,

Comme un événement du milieu du XIVe.
Soyons honnêtes,
Ne préférez-vous point aider votre prochain ?
Nous n'arrivons pas à l'imaginer,

Cette pensée venant de la discorde.
Soyons honnêtes,
La philanthropie mieux que le racisme ?
Oui, alors pourquoi continuer,

À réfléchir comme un bourru misanthrope ?
Sincèrement,
Comment un humain peut-il penser comme
cela ?
Soyez aimables, bienveillants, c'est notre
unique moyen de progresser,
N'écoutez point ces propos immondes,
Ils vous disent, détestez-vous !

57

Soyons honnêtes,
Il vaut mieux être ouvert d'esprit,
Que d'être fermé par l'infamie,
De l'extrême droite, ces idées vulgaires et pour
seul conflit, sa propre vie.

Le vrai reflet de notre société

Il est très bien caché,
Même très dur à déceler pour les détectives,
Pleins de pensées.
En effet,
Ce reflet,
Cache bien des secrets,
Des secrets, anormalement privés,
Regorgeant de dangers.
Des secrets si sombres, obscurs et enterrés,
Économiquement et socialement discutés.
Ces secrets,
Compliqués à cerner,
Nous faisant bien douter,
Sur sa nature et ses idées.
Ce reflet, c'est notre difficulté,
À trouver ce qui ne va pas,
Dans cette société.
Certes, nous pouvons élucider,
Ce mystère, mais…
Pouvons-nous encore,
Regarder l'humanité ?

Le malheur de beaucoup

Les hauts de la société,
Sont souvent les plus bas de la rue,
En termes de mentalité…

Libres

La liberté, vraiment question de droits ?
Car quand je vois notre président,
Nous l'annoncer…
J'en rigole, avec nos "droits stupides"…

Une Politique loin de rayonner

Notre vie, qu'est-ce qu'ils s'en fichent,
Notre avis aussi, d'ailleurs,
Après l'on s'étonne des rébellions…

PHILOSOPHIE

Humanité humaine

Notre esprit à tous, à moi, le tien,
Ne devrait y avoir d'attention du malin,
Ne laisse pas tes pensées noires prendre la
main,
Ne laisse pas l'obscurité gouverner tes
sentiments

Notre philanthropie, pas assez exploitée
Ne pas aider les autres, ne pas leur donner,
Ne pas être sincère et bienveillant, prêter ?
N'est-ce pas la pire des choses que tu puisses
faire ?

Toi et ton chez-toi, tu vis une belle vie,
Terre et ciel, purs, que tu vois chaque vie,
Tes pensées horribles, dénuées de sens,
Tu ne crois pas en ton humanité. Viens-tu de la
mauvaise France ?

Regarde-toi esprit de tribord, du côté de
l'océan,
D'une mer lointaine, sur ton bateau droit,
Ne penchant point comme ton cœur,
Ce poème n'est pas fait pour aimer, mais pour
te dénoncer.

Homme d'extrême, homme dextrogyre,
Aujourd'hui honte à toi de penser comme cela,
Rien que de l'imaginer, j'ai le cœur rempli
d'animosité
Comme toi, avec ceux qui ne t'ont rien fait !

Je dénonce l'extrême droite.

L'ode au grand philosophe enivré

La philosophie, quelle idée de vie,
Qui ne s'enterre au plus profond de soi,
Se guide, vers la foi, foi des vers grandis,
Guide le rhum, qui enivre nos pensées.

Épictète, Socrate, que des noms de vie,
Qui nous font rêver et apprendre, tout,
Se dirigent au zénith de notre lumière,
Guide le rhum, qui enivre nos pensées.

Bons jeux, bonne direction, bon manuel
Enfin, peut-on se libérer du monde,
Chante, l'ami, avec notre bon sapide,
Guide le rhum, qui enivre nos pensées.

Hasards Philosophiques

Il y en a par milliers,
De toutes les formes, possiblement liées ?
Non portantes ou importantes ?
Que sais-je après tout, je ne suis qu'un humain en attente,
De la question que je vous ai posée…

Le hasard, est-il une question de chance ?
Ou de connaissance ?
Si oui, a-t-il le but de nous pousser ?
Ou de nous faire aimer ?
Peut-être les deux, qui sait ?

Imprévisible, imprédictible, mais que nous réserve-t-il ?
Personne ne le sait, cette question est plus que difficile,
Mais toi avec ton sort, ne t'acharne point,
Car pour guérir il y aura toujours demain,
Alors ne t'inquiète pas et bats-toi !

Le stoïcisme nous dit :

Si le destin te tombe dessus, accepte-le, même
la maladie,
Comme rien ne pourra te freiner,
Même pas Lucifer,
Garde espoir, garde foi en toi et en l'univers !

La Feuille d'olivier

Comme Athéna est fleur, la sagesse Jais,
Comme l'arbre béryl, Platon est raison.
La lueur de l'espoir,
La lueur philosophique.

Un combat d'une terrible ardeur,
D'un Arbre smaragdin contre une Perle azur,
Gagnera, la force, la vie et non la peur,
S'en éveillera la paix et la vertu.

Notre capacité à s'entraider,
Est le plus beau cadeau qui nous ait été offert,
Comme Poséidon est mer, l'amour est
d'Amétrine
Comme la feuille d'Émeraude, la vie est
Ambre.

Levez-vous !

Levez-vous !
Trouvez un but,
Trouvez la raison,
De vous réveiller,
Ce but si important,
Respectez-le.
Levez-vous pour lui,
Vivez pour lui,
Ne tombez pas
Dans ce monde corrompu
Faites tout pour ce rêve,
Respirez objectif,
Couchez-vous objectif,
Une fois atteint, le bonheur n'en sera
Que plein.
Les Hommes ne cesseront jamais,
D'avoir des Rêves…

Merci de m'avoir lu.

Croyez en vous,
ne lâchez rien.

Thomas Cadet

À mon arrière grand-père.

© 2023 THOMAS CADET
Édition : BoD - Books on Demand, info@bod.fr
Impression : BoD - Books on Demand, In de
Tarpen 42, Norderstedt (Allemagne)
Impression à la demande
ISBN : 978-2-3225-0170-0
Dépôt légal : octobre 2023